Collection dirigée par Philippe Nessmann

Iconographie : François Lemans / ÉcoutezVoir
Maquette : Studio Mango

Loi n°49-956 du 16 juillet 1949
sur les publications destinées à la jeunesse
Dépôt légal : février 2003
Imprimé par PPO Graphic, 93500 Pantin, France

Kézako ?

Le temps

Textes de Charline Zeitoun
Illustrations de Peter Allen

MANGO JEUNESSE

« Je n'ai pas le temps » ou « Prends ton temps ! » : tout le monde parle du temps qui passe. Pourtant, personne ne peut vraiment dire ce que c'est. On voit juste qu'il passe. Mais peut-on le mesurer ? Est-il possible de retourner dans le passé ? Comment lire l'heure grâce au Soleil ? Réalise les expériences de ce livre et cet étrange phénomène n'aura plus de secrets pour toi.

SAMEDI
13
VENDREDI
12
JEUDI
11
1

LE TEMPS, C'EST QUOI ?

Le temps est bien mystérieux ! Impossible de le toucher, de l'entendre ou de le voir. Pourtant il existe et il s'écoule sans cesse : entre tes anniversaires, entre le matin et le soir... Si tu ne peux pas le voir directement, tu peux en revanche observer ses effets.

Observe le sens du temps

Il te faut :

- une aubergine
- un couteau
- une feuille de papier
- un stylo

1 Demande à un adulte de couper l'aubergine en deux.

2 Place une moitié de l'aubergine sur la feuille, face coupée contre le papier. Avec le stylo, trace le contour du légume et inscris la date à côté.

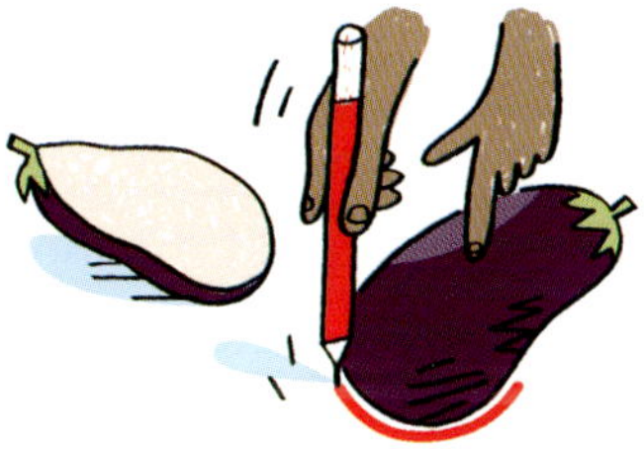

Vrai ou faux ?

Nous vivons dans le présent. Mais, grâce aux machines à voyager dans le temps, il est possible de retourner dans le passé ou d'avancer vers le futur.

Faux ! C'est absolument impossible. De telles machines n'existent pas, sauf dans les films !

3 Laisse le demi-légume à l'air libre toute une nuit. Le lendemain, trace à nouveau son contour, au même endroit sur la feuille, et écris la date. Qu'observes-tu ? Recommence ainsi pendant quatre jours.

Dès le deuxième jour, l'aubergine est flétrie et plus petite. Son contour ne trompe pas ! Plus les jours passent, plus elle se ratatine. Elle ne retrouvera jamais sa taille de départ. Pour cela, il faudrait revenir quelques jours en arrière, mais c'est impossible. Le temps s'écoule, toujours dans le même sens. Il ne s'arrête jamais. Il fonce droit devant, comme une flèche. D'ailleurs, les physiciens parlent de la « flèche du temps » !

LE TEMPS COULE COMME

Et si tu accrochais ce sablier à ton poignet ? Pfff, trop lourd ! Pourtant, avant l'invention des horloges, les sabliers étaient bien pratiques pour mesurer la durée du temps.

Le sais-tu ?

Autrefois, les Égyptiens utilisaient des clepsydres pour mesurer le temps. Cela ressemblait un peu à un sablier, mais c'était rempli d'eau et non de sable.

DU SABLE

Fabrique ton sablier

Il te faut :
- deux petites bouteilles en plastique (50 cl)
- du sable bien sec (ou du sel)
- du papier
- un crayon
- du ruban adhésif
- une montre avec trotteuse

1 Fais sécher les bouteilles vides au soleil ou sur un radiateur. Verse le sable dans une bouteille jusqu'à la moitié.

2 Découpe un morceau de papier un peu plus grand que le goulot d'une bouteille. Pose-le sur le goulot, replie-le sur les bords et scotche-le. Avec le crayon, perce dans le papier un trou un peu plus petit qu'un petit pois.

3 Place l'autre bouteille à l'envers sur la première. Scotche-les solidement ensemble au niveau des embouchures. Voilà un sablier !

4 Retourne le sablier et mesure avec ta montre le temps que met le sable pour s'écouler d'une bouteille à l'autre. Recommence plusieurs fois.

Le résultat est le même à chaque fois à quelques secondes près ! Si tu joues avec un jeu vidéo pendant qu'un sablier se vide et qu'ensuite un copain prend le jeu lui aussi le temps d'un sablier, vous aurez joué autant. On peut donc compter le temps en sablier. Pour mesurer les longues durées, il faut le retourner dès qu'il s'est vidé, et compter le nombre de fois qu'on l'a retourné. Une leçon de calcul dure au moins vingt sabliers, non ?

L'HEURE À TOUT MOMENT

Cet hurluberlu est dans de beaux draps, pendu aux aiguilles de cette horloge géante. Ce n'est sûrement pas le moment de lui demander l'heure ! Ni de lui expliquer que les vieilles horloges fonctionnaient grâce à un pendule…

Vérifie les balancements du pendule

1 Avec les ciseaux, coupe un morceau de fil long comme la hauteur d'une table.

Il te faut :
- une bobine de fil
- une bille
- des ciseaux
- du ruban adhésif
- une montre avec trotteuse
- une table
- un copain

2 Scotche un bout du fil à la bille. Scotche l'autre bout au bord de la table, de façon à ce que la bille ne touche pas par terre.

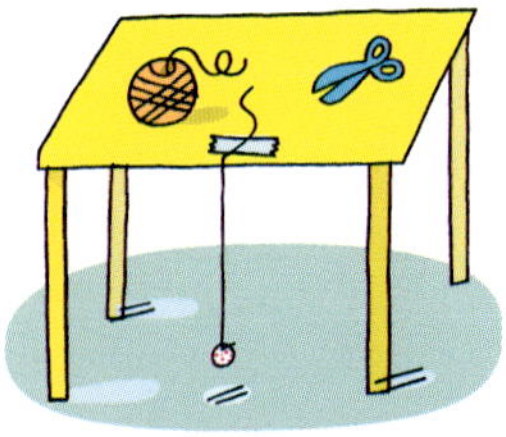

3 Écarte la bille en gardant le fil bien tendu. Lâche la bille et dis « top ! ». Toi, tu comptes dans ta tête les va-et-vient de la bille. Ton copain compte sur la montre les secondes qui passent. Après 10 va-et-vient, redis « top ! ». Combien de secondes sont passées ?

4 Recommence en lâchant la bille de plus haut. Combien de secondes mesures-tu ?

Le pendule met toujours le même temps pour effectuer ses va-et-vient, quel que soit l'élan qu'on lui donne. En utilisant cette régularité, on peut fabriquer des horloges à pendule. Il suffit d'ajouter des aiguilles qui avancent au rythme des balancements. Et un mécanisme à ressort pour que le pendule ne s'arrête jamais. Grâce à cette invention, on connaît l'heure exacte à tout moment, sans avoir à retourner des sabliers toute la journée !

Que suis-je ?

Je suis un appareil qui mesure des durées très précisément. Mon nom est tiré de celui de Kronos, le dieu du temps chez les Grecs anciens. Je suis...

Le chronomètre.

À L'HEURE DU SOLEIL

As-tu remarqué que ton ombre est courte à midi et longue le soir ? C'est parce que le Soleil bouge dans le ciel. Les journées ensoleillées, on peut lire l'heure grâce à l'ombre des objets. C'est le principe des cadrans solaires.

Attention !
Ne regarde jamais le Soleil en face, même avec des lunettes de soleil. Cela pourrait brûler tes yeux.

Construis un cadran solaire

1 Colle la feuille de papier sur la boîte. Enfonce le crayon au milieu jusqu'à ce qu'il tienne tout seul, bien droit.

Il te faut :

- une boîte à chaussures
- une feuille de papier
- un stylo et un crayon
- une lampe de poche
- une montre

2 Fais le noir dans ta chambre. Allume la lampe de poche et passe-la au-dessus du crayon, d'un côté à l'autre. Que fait l'ombre du crayon ?

3 Maintenant, utilisons le cadran solaire. Un jour sans nuage, place-le au soleil. Avec le stylo, dessine l'ombre du crayon sur le papier et note l'heure à côté. Attention : ne bouge pas la boîte ! Recommence toutes les 15 minutes pendant une heure. Qu'obtiens-tu ?

Lorsque tu déplaces la lampe de poche, l'ombre du crayon change de direction et de longueur. C'est la même chose quand tu laisses ton cadran solaire au Soleil. Toute la journée, le Soleil se déplace dans le ciel : il se lève à l'Est, monte dans le ciel jusqu'à midi, puis redescend vers l'Ouest le soir. Au cours de ce mouvement, l'ombre du crayon change. Comme avec la lampe de poche, mais plus lentement ! En dessinant l'ombre du crayon tous les quarts d'heure, tu obtiens un cadran qui rappelle celui d'une montre.

AU JOUR LE JOUR

Le Soleil se couche,
la nuit approche.
Inutile de lire l'heure
pour deviner que tu vas
bientôt te coucher.
Depuis toujours, le jour
et la nuit servent de repère
aux hommes, aux animaux
et même aux plantes.
Voyons pourquoi le jour
succède à la nuit...

Fais le jour et la nuit

Il te faut :
- une orange
- une lampe de poche
- une aiguille à tricoter
- une demi-allumette

1 L'orange représente la Terre. Transperce-la avec l'aiguille à tricoter. L'allumette, c'est toi. Enfonce-la sur l'orange.

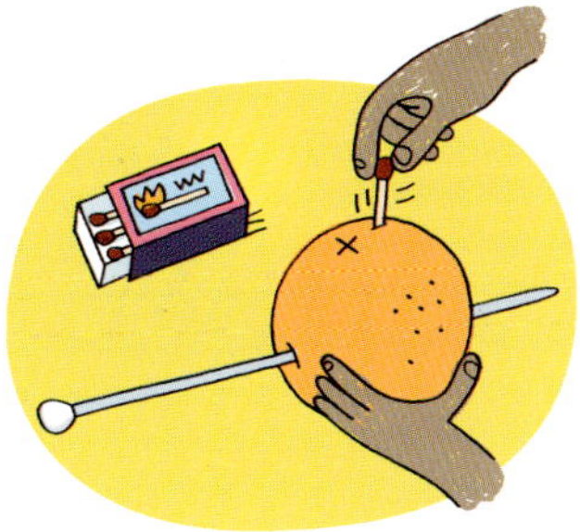

2 La lampe représente le Soleil. Dans une pièce sombre, allume-la et pose-la au bord d'une table. Place dans la lumière le côté de l'orange avec l'allumette.

3 Fais tourner l'aiguille à tricoter d'un demi-tour. L'allumette est-elle toujours éclairée ? Fais faire un autre demi-tour à l'orange. Que devient l'allumette ?

Vrai ou faux ?
Quand il est midi en Europe et qu'il fait jour, c'est la nuit au Japon.

Vrai. Le Japon se trouve de l'autre côté de la Terre par rapport à l'Europe. Quand une moitié de la Terre est éclairée par le Soleil, l'autre est dans l'obscurité.

Au cours de la journée, tu vois le Soleil bouger dans le ciel. En réalité, il ne bouge pas : c'est la Terre qui tourne sur elle-même. Et toi, tu tournes avec elle. Lorsque tu es en face du Soleil, c'est le jour. Puis, la Terre fait un demi-tour : tu es dans l'obscurité et c'est la nuit. Un demi-tour plus tard, tu revois le Soleil et le jour… Puisque la Terre fait son demi-tour en douze heures, le jour et la nuit durent en moyenne douze heures chacun.

LES MOIS DE LA LUNE

Au cours du mois, tu vois la Lune changer de forme. Elle est d'abord toute ronde. Les nuits suivantes, elle semble se dégonfler. Après quinze jours, elle disparaît. Puis elle regrossit et redevient toute ronde après 29 jours.

Observe les croissants de Lune

1 Dans une pièce sombre, pose la lampe de poche sur une table : c'est le Soleil. Pose l'orange un peu plus loin, dans la lumière de la lampe : c'est la Terre. Et pose la balle à côté de l'orange, dans la lumière : c'est la Lune.

Il te faut :
- une orange
- une balle de ping-pong
- une lampe de poche

2 La Lune tourne autour de la Terre. Fais faire un tour à la balle autour de l'orange. Tu vois qu'elle est éclairée à moitié.

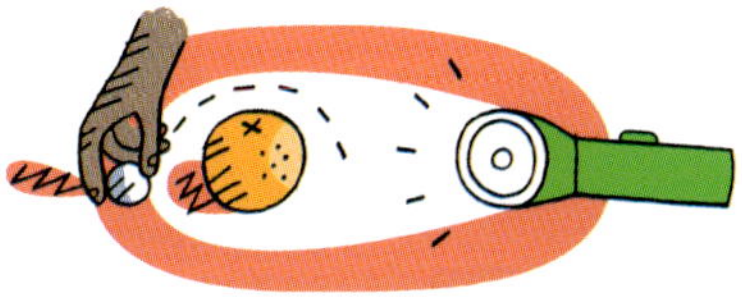

Le sais-tu ?
Autrefois, chez les Grecs, les mois faisaient 29 ou 30 jours, la durée entre deux pleines lunes. Puis les Romains ont inventé un calendrier avec des mois de 30 ou 31 jours, sauf février.

3 Place ta tête au-dessus de l'orange et regarde la balle. Que vois-tu de la moitié éclairée de la balle ?

4 Fais faire un quart de tour à la balle autour de l'orange. Et maintenant, que vois-tu de la moitié éclairée ? Recommence ainsi jusqu'à finir un tour autour de l'orange.

Sais-tu pourquoi tu dois regarder la balle avec la tête au-dessus de l'orange ? Parce que c'est ta place : tu es sur la Terre ! Ainsi, dans l'expérience, tu vois la balle comme si tu regardais la Lune en vrai dans le ciel. Lorsque tu fais tourner la balle autour de l'orange, tu vois la partie éclairée prendre tour à tour toutes les formes que l'on voit sur la photo.

LE TEMPS EN ANNÉES

L'été, ces oies vivent au Groenland. À l'automne, lorsque le froid arrive, elles font un long voyage vers le sud, où il fait plus chaud. Elles y trouveront des vers, des crevettes et de la mousse à manger. Dès le printemps, elles repartiront vers le nord.

Vrai ou faux ?
Tous les quatre ans, le mois de février dure 29 jours au lieu de 28 jours.

Vrai. La Terre met 365 jours et un quart de jour pour faire son tour de Soleil. On n'en tient pas compte pendant trois ans. Puis, la quatrième année, on rajoute un jour entier, le 29 février, pour rattraper ceux qu'on a laissés auparavant. Ce sont les années bissextiles.

Fais un calendrier

Il te faut :
- **12 feuilles de papier**
- **une boîte de feutres**

1 Écris les douze mois de l'année sur les douze feuilles, un mois par feuille. Écris « mon anniversaire » sur la feuille de ton mois de naissance.

2 Sur les feuilles « janvier », « février » et « mars », dessine des bonshommes de neige : c'est l'hiver. Sur les feuilles « avril », « mai » et « juin », dessine des fleurs : c'est le printemps. Sur « juillet », « août », « septembre », dessine des parasols : c'est l'été. Et sur « octobre », « novembre » et « décembre », des feuilles d'arbre : c'est l'automne.

3 Pose les feuilles au sol, dans l'ordre des mois de l'année, en cercle. Mets-toi à côté de la feuille « mon anniversaire ».

4 Marche autour du cercle, en suivant l'ordre des mois. Combien de mois s'écoulent entre deux anniversaires ? Et combien de saisons ?

Avant de retomber sur la feuille « mon anniversaire », tu dois faire un tour complet et passer devant les douze mois. Les quatre saisons défilent devant toi. Et il faut aussi passer par les douze mois pour aller d'un printemps au printemps suivant. L'année, c'est le temps qui s'écoule entre deux anniversaires, entre deux printemps. C'est le temps que met la Terre pour faire un tour autour du Soleil. Cela dure 365 jours.

DES SIÈCLES ET DES SIÈCLES !

Salut vieille branche ! Ce vénérable chêne a plus de 550 ans. À l'époque de sa naissance, Christophe Colomb n'avait pas encore découvert l'Amérique. C'était il y a très longtemps, mais quand exactement ?

Vois comme c'est long

Il te faut :
- un dictionnaire
- du papier
- un stylo

1 Sur un morceau de papier, écris « Aujourd'hui ». Sur les autres, écris « Ma naissance », « Ordinateur », « Amérique » et « Cathédrale ».

2 Ouvre le livre à la première page et glisse le papier « aujourd'hui ». Referme le livre pour que ce mot dépasse et soit visible.

3 Glisse de la même façon le papier « Ma naissance » à la page 6, si tu as 6 ans, ou alors à la page 7, si tu as 7 ans.

Le sais-tu ?
Les dinosaures ont disparu il y a 65 millions d'années. Si une année est représentée par une page, cette durée correspond à 65 000 livres de 1 000 pages ! Empilés, ils seraient haut comme 8 tours Eiffel !

4 Glisse le papier « Ordinateur » page 50, « Amérique » page 500 et « Cathédrale » page 800. Regarde le dictionnaire par la tranche.

Chaque page représente une année écoulée. Le premier papier indique le moment présent. Le deuxième indique ta naissance. Le troisième, l'invention des ordinateurs, il y a 50 ans. Le quatrième, la découverte de l'Amérique par Christophe Colomb en 1492. Et le dernier situe l'époque où l'on construisait les cathédrales, il y a 800 ans. En regardant la tranche du dictionnaire, tu te rends compte du temps qui s'est écoulé entre ces événements et aujourd'hui. Le temps des cathédrales a eu lieu bien avant la découverte de l'Amérique, l'invention de l'ordinateur et… ta naissance.

ON EST BIENTÔT ARRIVÉS ?

En route pour les vacances ! Mais avant d'arriver, il va falloir rouler des heures. Pendant les longs trajets, on a souvent l'impression que les minutes s'écoulent moins vite...

Teste tes amis

1 Demande à un copain de s'asseoir. Dis-lui : « quand je dirai « top », ferme tes yeux, ne bouge pas et tais-toi jusqu'au second « top » ».

Il te faut :
- une télévision
- une montre avec trotteuse
- un copain

2 Regarde sur la montre. Dis « top ! » puis attends que la trotteuse ait fait un tour. Dis à nouveau « top ! ».

3 Dis à ton copain : « Maintenant, quand je dirai « top ! » tu allumeras la télé. Tu pourras zapper tant que tu voudras. À mon deuxième « top ! », tu l'éteindras ».

Le sais-tu ?
Les animaux aussi perçoivent le temps différemment de nous. Une mouche vit un mois. Pour elle, un mois c'est très long : c'est toute sa vie ! Une tortue, elle, vit 150 ans. Un mois représente donc une toute petite partie de sa longue vie.

4 Regarde sur la montre. Dis « top ! » puis attends que la trotteuse ait fait un tour. Dis à nouveau « top ! » Demande à ton copain ce qui a été le plus court : les yeux fermés ou devant la télé ?

Ton copain est resté le même temps les yeux fermés puis devant la télé : une minute. Pourtant, il a l'impression que c'était plus court devant la télé. C'est normal ! Notre cerveau perçoit le temps de façon différente suivant qu'on s'amuse ou qu'on s'ennuie. Un quart d'heure de jeu vidéo paraîtra toujours plus court qu'un quart d'heure chez le dentiste. Sais-tu aussi que plus on vieillit, plus le temps paraît aller vite : ton grand-père trouvera qu'un an passe très vite. Pour toi, c'est interminable !

Et si, un jour,
on n'avait plus d'instruments de mesure du temps...

Jonathan déboule en trombe devant la bibliothèque, où il a rendez-vous avec Clémentine.
— Ouuffff... ouufff... , souffle-t-il.
— Tu es en retard ! lui reproche Clémentine, agacée. Comme elle l'attend depuis presque une demi-heure, elle fait la grimace.
— Excuse-moi. Ma montre s'est arrêtée, la pile est usée. Du coup, je suis parti trop tard de la maison.

— Mouais, la mauvaise excuse ! lance Clémentine. Tu ne sais pas qu'on peut connaître l'heure avec la nature ?
— Ben... non.
— Avec le chant des oiseaux, par exemple. Quand le coq chante, tu sais que le Soleil se lève !
— Sans doute, rétorque Jonathan, mais dans mon immeuble il n'y a pas de coq.

— Et l'horloge à fleurs, insiste Clémentine, tu ne connais pas ?
— Non, kézako ?
— Les fleurs ne s'ouvrent pas toutes à la même heure. Par exemple, le souci s'ouvre à 9h du matin tandis que la belle-de-nuit attend jusqu'à 17h pour ouvrir ses pétales.
— C'est bien joli, mais je te répète que j'habite dans un immeuble, pas dans une prairie ! Tu n'as rien d'autre ?

— Au bord de l'océan, on peut connaître l'heure avec les marées. La marée haute et la marée basse ont lieu à des heures précises de la journée. Pendant mes dernières vacances, un ami marin nous disait l'heure rien qu'en regardant la hauteur de l'océan.

— Et ça marche aussi avec l'eau d'une baignoire, demande Jonathan avec malice. Car de chez moi, on ne voit pas la mer…

— J'ai la solution, s'exclame victorieusement Clémentine. Regarde le Soleil ! Le matin, il est bas sur l'horizon. Puis il monte dans le ciel jusqu'à midi avant de redescendre. Observe la hauteur du Soleil et tu sauras à peu près l'heure.

— Pas de bol : il y a des nuages aujourd'hui. Pas de Soleil, pas d'océan, pas de fleurs, pas de coq ! Tu vois, j'avais une bonne raison d'arriver en retard !

— Bon, on y va ? lance Jonathan. Il est presque midi et la bibliothèque va fermer !

— Comment le sais-tu ? lui demande Clémentine, surprise. Je croyais que ta montre ne marchait plus ?

— Oui, mais j'ai toujours mon estomac. Une vraie horloge ! Ses gargouillis me rappellent toujours l'heure de manger…

Crédit photographique

Getty - Couverture
Getty - pages 2/3
Cosmos/H. P. Merten - page 4
AKG photo - page 6
Cat's Collection - page 8
Agence ANA/ Michelangelo Dupazzo - page 10
DR - page 12
Ciel & Espace / A. Fujji - page 14
Bios/H. Verbiesen/Wildi - page 16
Bios/D. Bringard - page 18
P. Lafay/Editing org - page 20